1. ESCALA COGNITIVA-1

AF876432

1.1. Memoria-Atención-1

INSTRUCCIONES:
En esta prueba debes estar muy atento/a y realizar las tareas que yo te vaya diciendo. Primero te la explicaré y luego diré ADELANTE. Transcurrido el tiempo diré BASTA. En ese momento no se escribe más en esa tarea y pasaremos a la siguiente.

Tarea 1 *Marca si son o no iguales al modelo*

Durante 2 MINUTOS debes marcar con una X el SÍ o el NO de cada dibujo, dependiendo que sean iguales o no al MODELO.

Modelo

1 Sí No

2 Sí No

3 Sí No

4 Sí No

5 Sí No

6 Sí No

7 Sí No

8 Sí No

9 Sí No

10 Sí No

11 Sí No

12 Sí No

13 Sí No

14 Sí No

15 Sí No

16 Sí No

17 Sí No

18 Sí No

19 Sí No

20 Sí No

21 Sí No

22 Sí No

23 Sí No

24 Sí No

25 Sí No

26 Sí No

27 Sí No

28 Sí No

29 Sí No

30 Sí No

Colorea y recuerda

Ahora observa con atención el dibujo que viene a continuación que, como puedes ver, se trata de un dibujo en el que hay objetos, animales y personas. Colorea con un color las cosas, con otro las personas y con otro los animales. Tienes para colorear 6 MINUTOS. Cuando termine el tiempo yo diré BASTA y pasarás la página.

Recuerda que, mientras realices la Tarea 2, no debes volver la hoja.

Tarea 2 *Marca si estaba o no estaba*

Ahora, durante 1 MINUTO Y MEDIO, deberás marcar el SÍ o el NO dependiendo de si los dibujos de objetos, animales y personas estaban o no en el dibujo de la página anterior.

1 Sí No

2 Sí No

3 Sí No

4 Sí No

5 Sí No

6 Sí No

7 Sí No
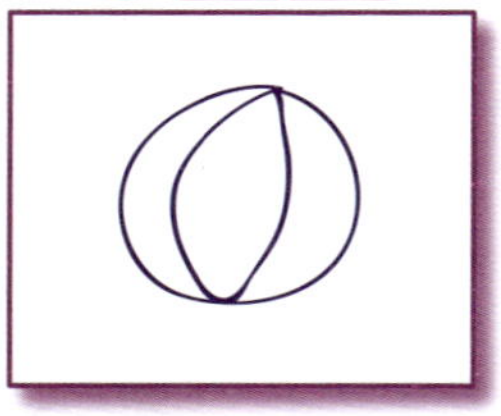

8 Sí No

9 Sí No

10 Sí No
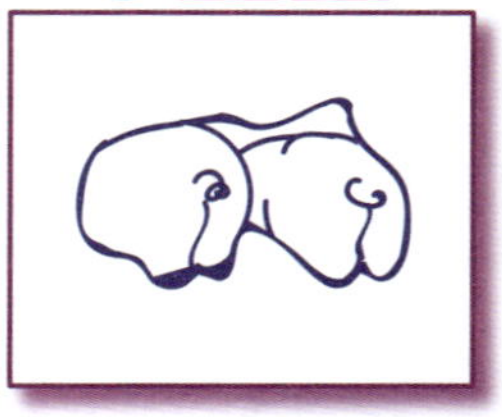

11 Sí No
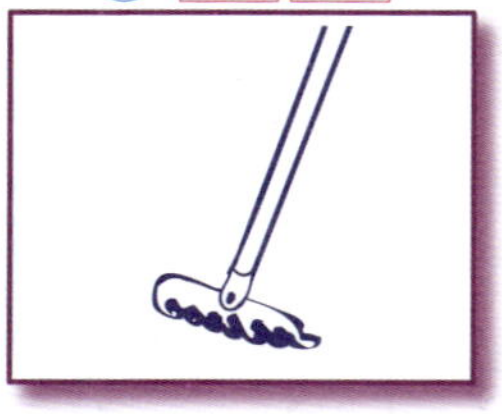

12 Sí No

13 Sí No

14 Sí No

15 Sí No

Tarea 3 *Rodea la palabra que contenga la sílaba*

Fíjate ahora en las letras que están en el recuadro pequeño: son las sílabas bor y fla. Debajo del cuadro pequeño hay otro cuadro mayor en el que hay muchas palabras, unas contienen alguna de esas sílabas y otras no. La tarea que tienes que hacer es buscar las palabras que contengan bor o fla, y redondearlas con un círculo, como en el ejemplo. Tienes 2 MINUTOS.

bor fla

	1	2	3	4
1	bornes	formado	barreño	bordado
2	barredor	borde	flechazo	labor
3	corredor	barrera	flato	flacucho
4	flojito	formas	flamante	famoso
5	fama	bordo	bordear	flamero
6	abordaje	flan	broche	flotador

1.2. Series-1

Tarea 1 ***Ordena los dibujos***

En esta tarea tienes que ordenar los dibujos según se te diga en cada caso, es decir, tenemos que poner debajo de cada dibujito el 1 cuando sea el primero, el 2 cuando sea el segundo, el 3 cuando sea el tercero y el 4 cuando sea el último. Veamos un ejemplo.

Ejemplo **Numera los rectángulos, empezando por el MÁS GRANDE.**

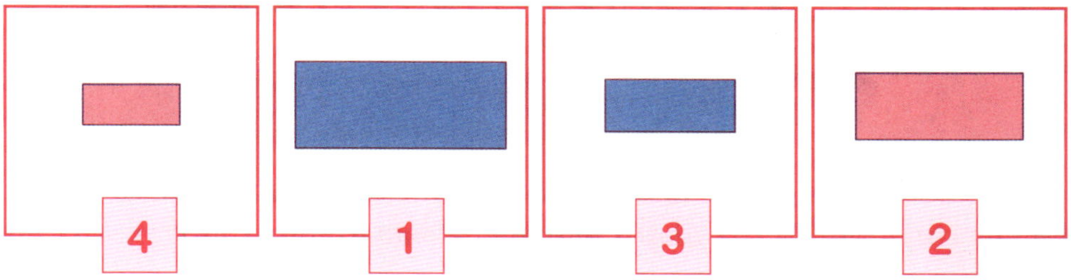

Está claro que aquí debemos poner 4, 1, 3 y 2. Ahora haz los seis ejercicios siguientes. Adelante.

1 **Numera los círculos empezando por el MÁS GRANDE.**

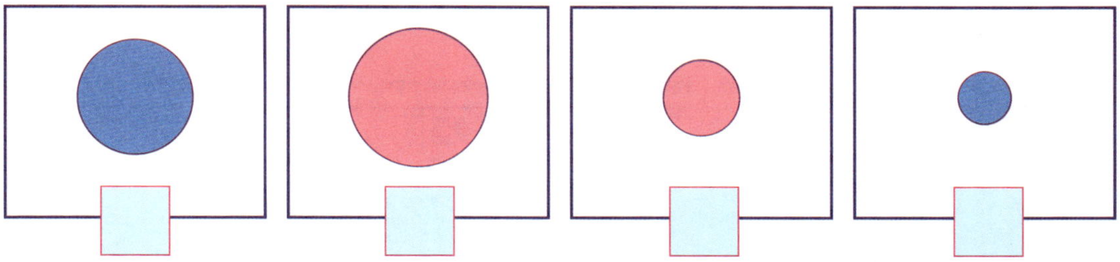

2 **Numera ahora los triángulos, empezando por el MÁS PEQUEÑO.**

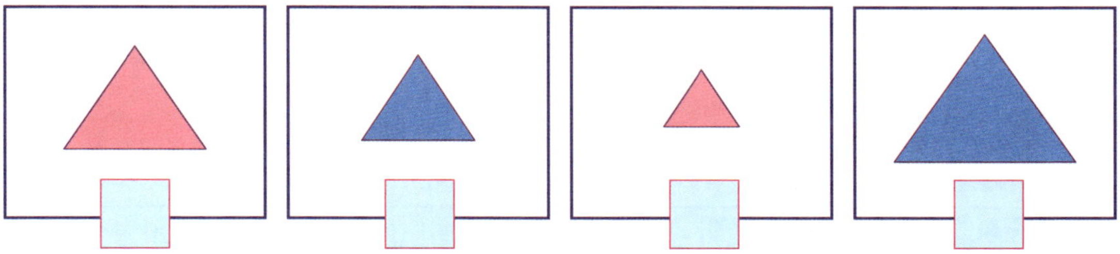

3 **Numéralos por el NÚMERO DE LADOS, comenzando por el que TIENE MENOS.**

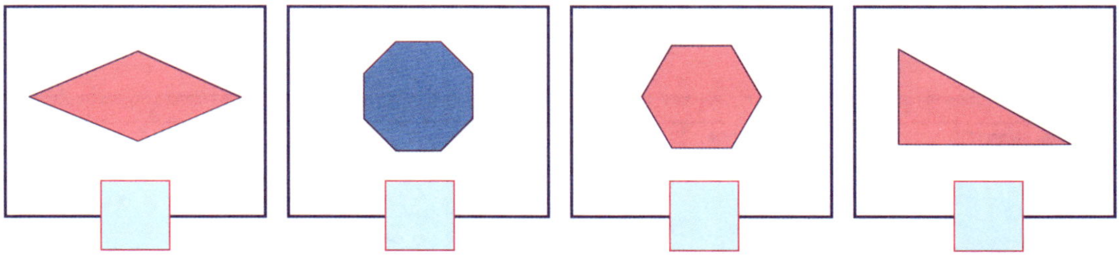

4 **Numera los animales por su ALTURA, comenzando por el MÁS BAJITO.**

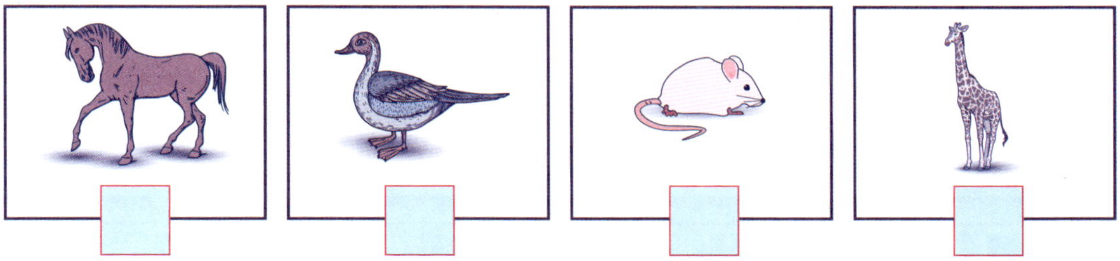

5 **Numera los animales por su PESO, comenzando por el MÁS PESADO.**

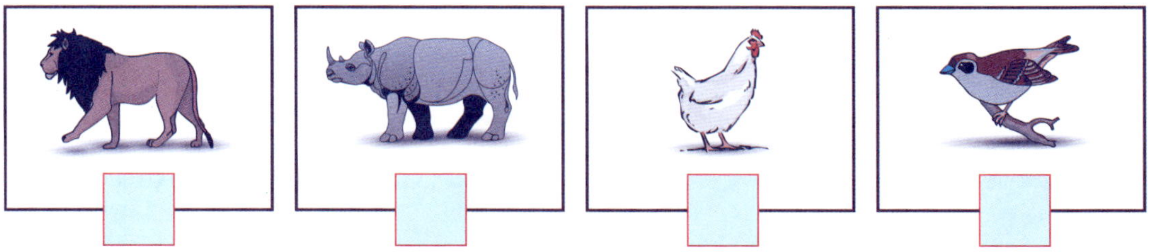

6 **Numéralos por su CANTIDAD, empezando por el que TIENE MÁS.**

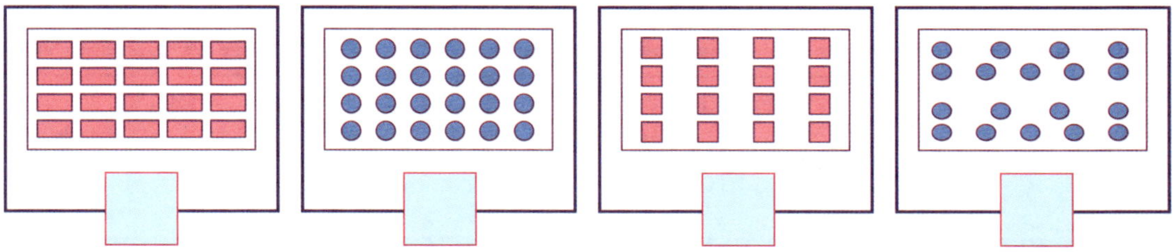

1.3. Clasificación-1

Tarea 1 ***Marca el que sobra***

En esta tarea debes marcar con una X el elemento que sobra en cada uno de los conjuntos. Fíjate en el ejemplo que viene a continuación. Hay un conjunto de cinco animales: un oso, un gato, un cocodrilo, un rinoceronte y un león.

Ejemplo

En este caso todos son animales salvajes, menos el gato, que es doméstico. Por eso le hemos puesto una X. ¿Lo has entendido? Pues ahora marca el elemento que sobra en los siguientes conjuntos.

1
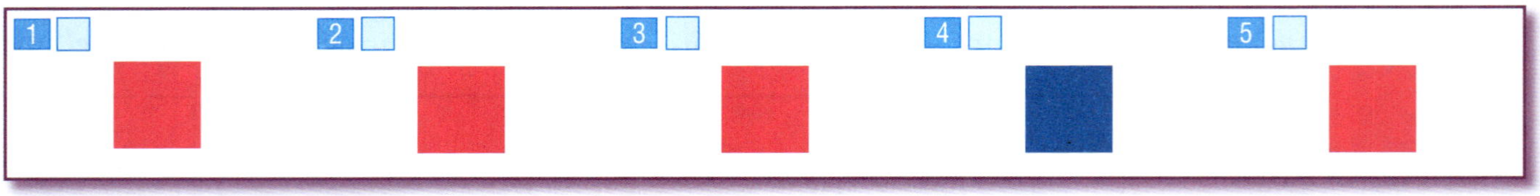

2
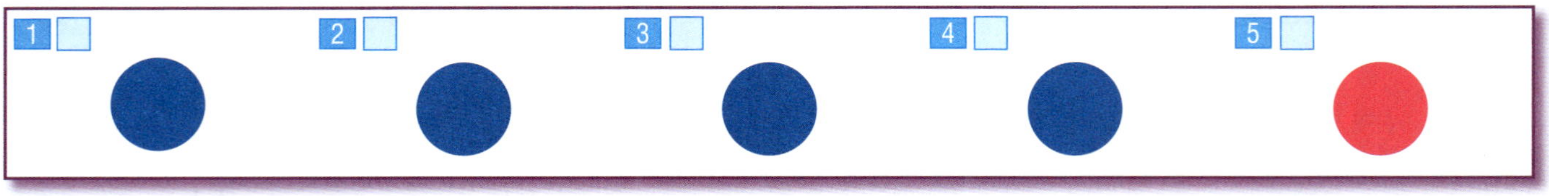

3
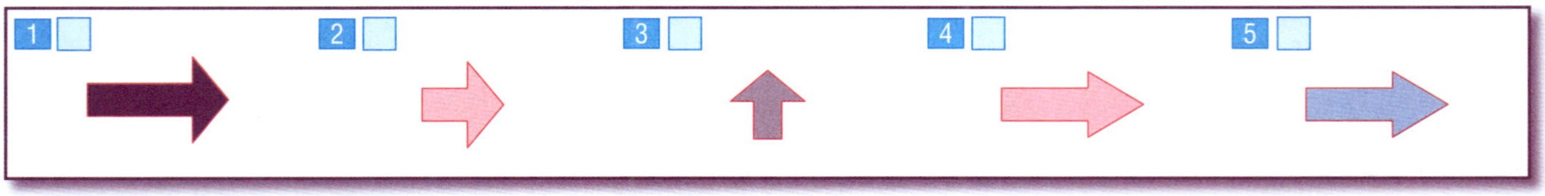

4
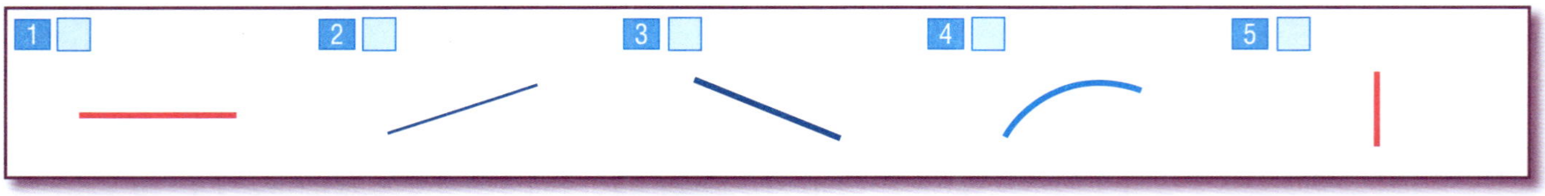

5
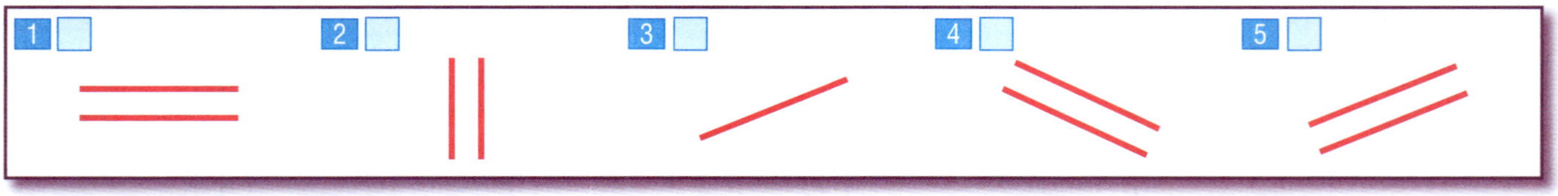

6
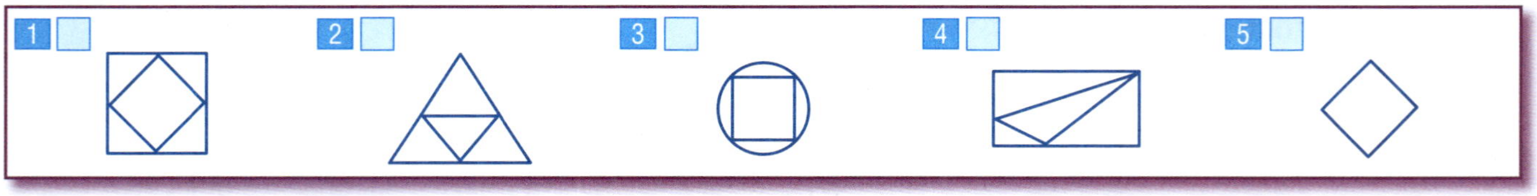

7

8
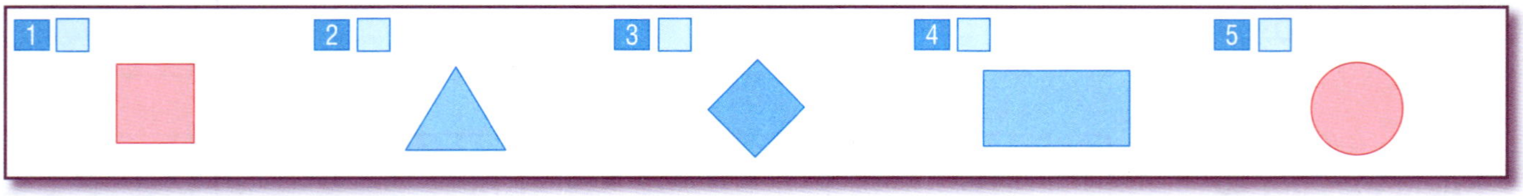

9
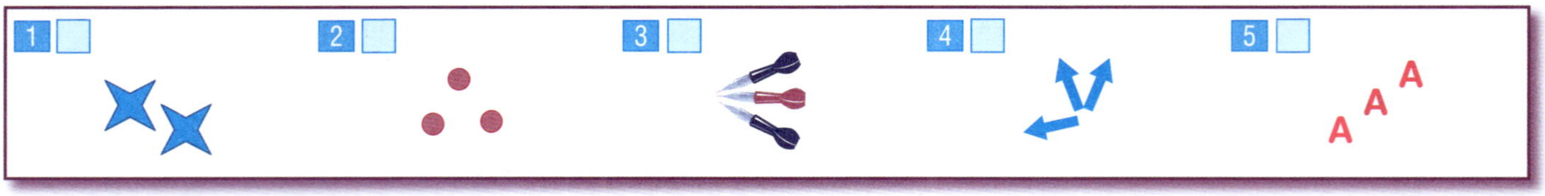

10
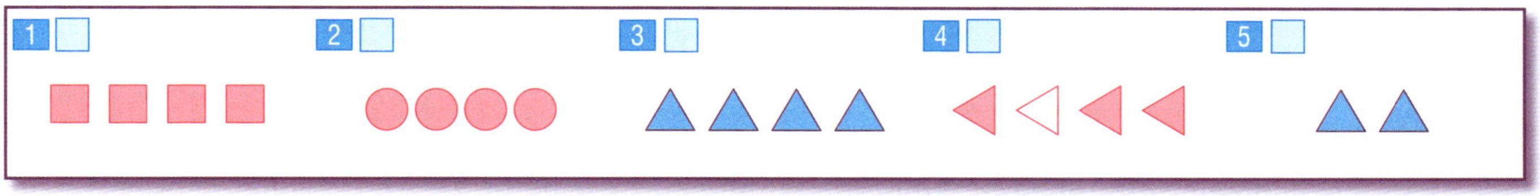

11
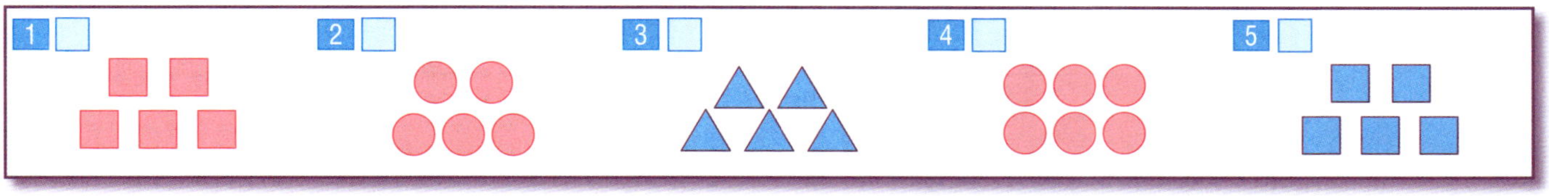

12

13
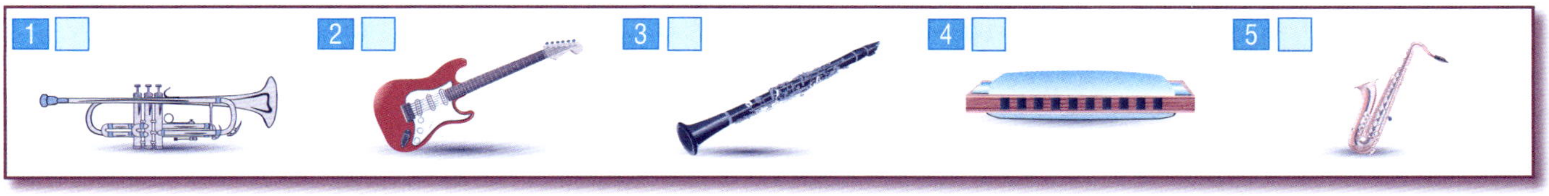

14

15

16

17

18

19

20

1.4. Organización Perceptiva-1

Tarea 1 ***Copia los dibujos***

Copia cada dibujo de la izquierda en los puntitos de la derecha. Trabaja sin entretenerte, ya que sólo tienes 10 MINUTOS para realizar los cuatro dibujos.

1

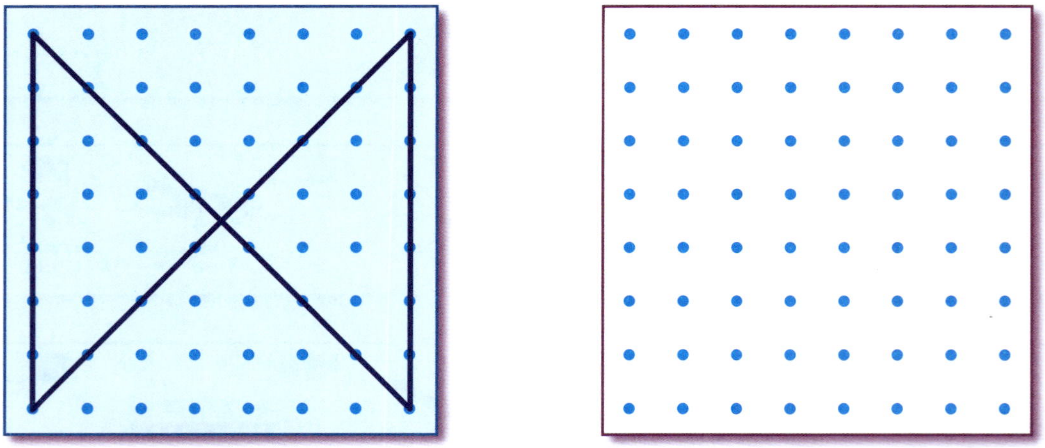

2

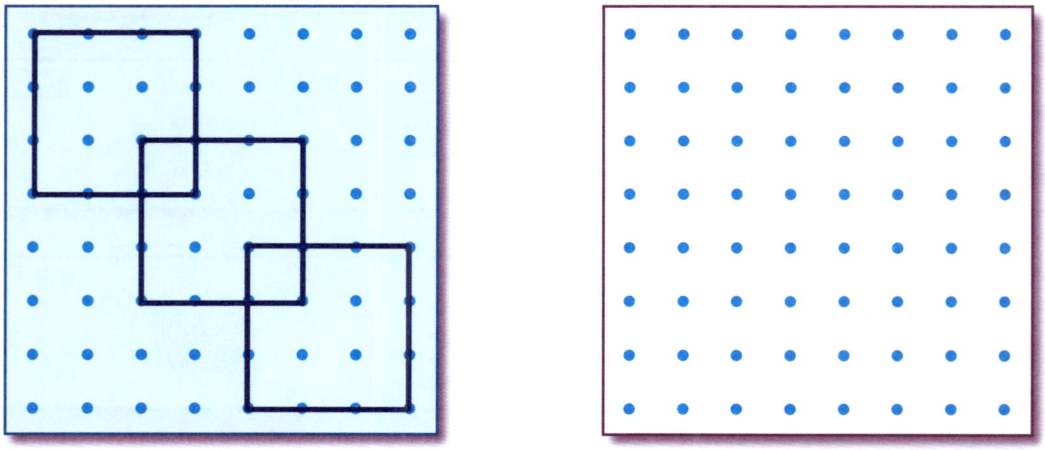

3

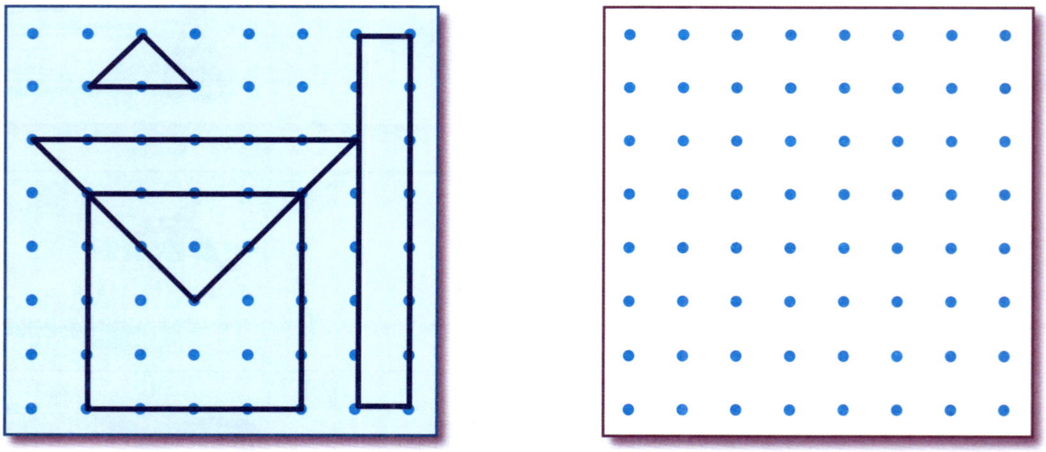

4

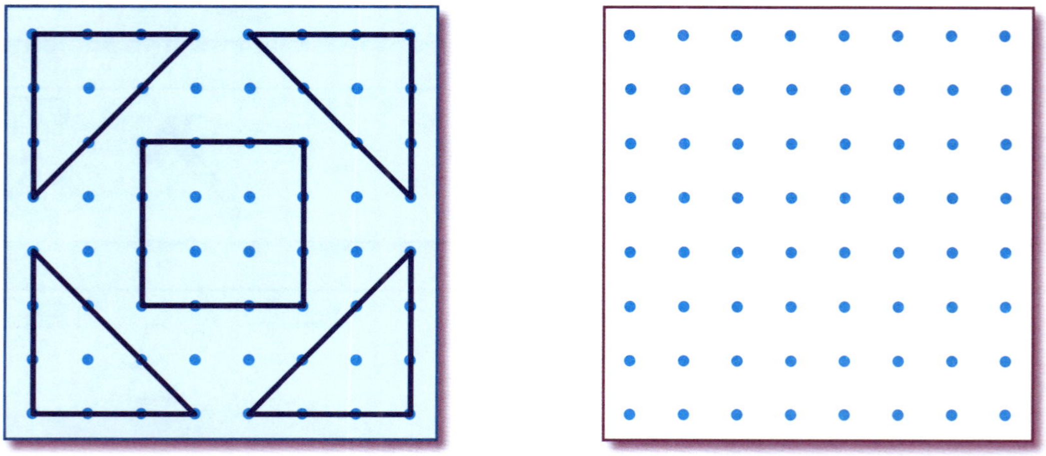

2. ESCALA LECTURA-1

2.1. Comprensión Lectora-1

INSTRUCCIONES:
La prueba que ahora vamos a realizar es fácil, pero hay que estar muy atento/a. Consta de varias tareas que iré explicando y te diré el tiempo que dispones para cada una.

Tarea 1 ***Marca si coinciden o no palabra y dibujo***

En esta tarea aparecen muchos dibujos y debajo de cada uno hay una palabra escrita. Pero, atentos, no siempre coincide el dibujo y la palabra. Tenéis que marcar con una X la casilla del SÍ cuando el dibujo coincida con la palabra y la casilla del NO cuando no coincidan. Veamos un ejemplo:

Ejemplo

palangana Sí ~~No~~ (X)

niña ~~Sí~~ (X) No

En el dibujo del PARAGUAS hemos marcado el NO porque la palabra es PALANGANA. En el dibujo de la niña hemos marcado SÍ porque la palabra es NIÑA. ¿Lo has entendido? Dispones de 2 MINUTOS Y MEDIO.

escuela 1 Sí No

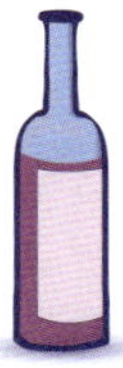

botella 2 Sí No

camión 3 Sí No

familia 4 Sí No

granjero 5 Sí No

sol 6 Sí No

libros 7 Sí No

balón 8 Sí No

teléfono 9 Sí No

perro 10 Sí No

águila 11 Sí No

hormiga 12 Sí No

caballo 13 Sí No

huevos 14 Sí No

cigüeña 15 Sí No

coche 16 Sí No

lápices 17 Sí No

reloj 18 Sí No

inyección 19 Sí No

quince 20 Sí No

Tarea 2 *Une cada frase con su dibujo*

Ahora hay unas frases y a su alrededor unos dibujos. Tu tarea consiste en que leas cada una de las frases y pongas una flecha hasta el dibujo que le corresponda. ¿Lo has entendido? Debes trabajar deprisa, ya que tienes 4 MINUTOS. Adelante.

1

2

3

4

5

(21) La maestra explica en la pizarra. (21)

(22) Es invierno y hace mucho frío. (22)

(23) Me gusta ver los payasos en el circo. (23)

(24) El hombre y la mujer toman café. (24)

(25) Me gusta ir a la playa a bañarme. (25)

(26) El niño juega al fútbol. (26)

(27) Hay muchos como éste en el bosque. (27)

(28) Los niños juegan al fútbol. (28)

6

7

8

9

10

Tarea 3 *Observa el dibujo y marca si es verdadero o falso*

Observa el dibujo y marca si lo que se dice en cada frase es verdadero (V) o falso (F). Tienes 8 MINUTOS.

		1	2
Ejemplo	En la lámina se ve una fiesta que se celebra en un barco.	V	~~F~~
29	Los perros son del mismo color.	V	F
30	Un equilibrista es sujetado por otros tres.	V	F
31	En el circo no hay público.	V	F
32	Un elefante levanta las patas de atrás.	V	F
33	Un payaso toca el saxofón.	V	F
34	Dos monos se comen un plátano cada uno.	V	F
35	No hay equilibrista en el trapecio.	V	F
36	Los equilibristas van todos de rojo.	V	F
37	Entre el público solo había niños y niñas.	V	F
38	El tigre está sentado detrás del payaso.	V	F
39	Una equilibrista está encima del elefante.	V	F
40	Hay tres perros delante de un payaso.	V	F
41	Las cebras no salieron este día.	V	F
42	Los payasos están hablando juntos.	V	F
43	Unos niños juegan con una bicicleta.	V	F
44	El elefante hace equilibrio sobre una bola roja.	V	F
45	Hay dos leones junto al domador.	V	F

2.2. Exactitud Lectora-1

INSTRUCCIONES:
Esta prueba tiene varias tareas. Las iré explicando y te diré el tiempo del que dipones para cada una de ellas.

Tarea 1 *Marca la letra que dicte*

Tu tarea va a consistir en marcar en cada recuadro la letra que yo te dicte. Veamos el ejemplo.

Ejemplo *Marca la letra a*

a	e	o
X		

Como yo he dicho la a, esta ha sido la que se ha marcado. ¿Lo has entendido? Pues empezamos en el número 1.

Nº			
1	u	e	a
2	a	e	i
3	ñ	n	m
4	b	d	p
5	r	d	l
6	f	z	j
7	z	k	j
8	d	l	n
9	g	l	r
10	p	m	n
11	d	t	f
12	g	j	k

Tarea 2 *Une con flechas las letras que son la misma*

La tarea que vamos a realizar ahora es unir cada una de las letras de una columna con la que es la misma en la otra columna que está a su lado. Fíjate en el ejemplo: como la primera letra es la A, hemos buscado en la segunda columna la misma letra, pero en minúscula. ¿Lo has entendido? Dispones de 2 MINUTOS. Adelante.

Ej.	A	t	1	17	B	k	1	22	U	u	1
13	f	d	2	18	g	G	2	23	M	S	2
14	D	a	3	19	P	Z	3	24	W	w	3
15	T	l	4	20	K	b	4	25	C	m	4
16	L	F	5	21	z	p	5	26	s	c	5

Tarea 3 *Une con flechas las palabras que son la misma*

Ahora vas a unir con flechas cada una de las palabras de cada columna con la misma palabra en la columna que está a su lado. ¿Lo has entendido? Tienes 2 MINUTOS. Adelante.

27	marino	ahora	1	32	garaje	Sol	1
28	nunca	NUNCA	2	33	ASILO	ALHAJA	2
29	AHORA	salero	3	34	SOL	asilo	3
30	ceniza	marino	4	35	frutas	Garaje	4
31	SALERO	CENIZA	5	36	alhaja	FRUTAS	5

Tarea 4 *Lee las sílabas y palabras*

Lee con voz alta y clara las siguientes sílabas y palabras. No te preocupes si algunas palabras no sabes lo que significan, pues se trata de "falsas palabras".

SÍLABAS	PUNT.	LECTURA
1 rua		
2 pur		
3 can		
4 jil		
5 quial		
6 gro		
7 drot		
8 zaf		
9 vuel		
10 huam		
11 piols		
12 cil		
13 froms		
14 yet		
15 cet		

PALABRAS	PUNT.	LECTURA
16 presponte		
17 intrope		
18 cherporto		
19 atmitre		
20 micropio		
21 zaratrusta		
22 palmicro		
23 muerdano		
24 bicen		
25 zarpatrico		
26 crapulita		
27 brencol		
28 marcrito		
29 floripondio		

VALORACIÓN: 0 (error fonético) y 1 (bien o se autocorrige).

Tarea 5 *Lee las palabras*

Lee con voz alta y clara las siguientes palabras.

PALABRAS	PUNT.	LECTURA
30 juguete		
31 camino		
32 perro		
33 beber		
34 ahora		
35 silla		
36 mucho		

PALABRAS	PUNT.	LECTURA
37 globo		
38 tijeras		
39 colegio		
40 papá		
41 fácil		
42 árbol		
43 mamá		

PALABRAS	PUNT.	LECTURA
44 alacrán		
45 lápiz		
46 tómbola		
47 ladrón		
48 camión		
49 frágil		
50 pónselo		

VALORACIÓN: 0 (error fonético), 1 (silabea, pero se autocorrige) y 2 (bien).

Tarea 6 *Lee las frases*

Lee con voz alta y clara estas dos frases.

El viernes pasado por la tarde fuimos al circo con mis padres.							
51	52	53	54	55	56	57	58

Me gustaron los payasos, los trapecistas y el domador de perros.				
59	60	61	62	63

VALORACIÓN: 0 (error fonético), 1 (silabea), 2 (bien) y 3 (bien y tiene entonación).

3. ESCALA ESCRITURA-1

3.1. Ortografía Fonética-1

Tarea 1 *Dictado de letras*

Escribe a continuación las letras que se corresponden a los sonidos que te voy a ir diciendo.

1	2	3	4	5	6	7
8	9	10	11	12	13	14

Aciertos

Tarea 2 *Dictado de sílabas*

Haz ahora lo mismo pero con las siguientes sílabas.

15	16	17	18	19
20	21	22	23	24

Aciertos

Tarea 3 *Dictado de palabras*

Presta atención ahora a las palabras que te voy a dictar y escríbelas.

25 ____________ 26 ____________ 27 ____________

28 ____________ 29 ____________ 30 ____________

31 ____________ 32 ____________ 33 ____________

Aciertos

Tarea 4 *Dictado de frases*

Por último, escribe las frases que te voy a dictar.

34–36 ________________________________

37–39 ________________________________

40–42 ________________________________

Aciertos

3.2. Ortografía Visual-1

Tarea 1 ***Completa las palabras***

Tu tarea consiste en completar las palabras que hay debajo de cada dibujo con las letras que le falten. Para esta tarea dispones de 3 MINUTOS.

1

avi...........

2

dra...........

3

orde.......dor

4

i.........sia

5

co...........

6

ele.......te

7

...........co

8

pa........so

9

semá........ro

10

te.......fo........

11

..........tor

12

cora..........

13

re..........

14

bu..........

15

mar.......ritas

16

cone.........

17

........mión

18

ti.........rón

19

cere.........s

20

hambur........sa

21

ara.......a

22

a......uela

23

se.........cho

24

.........rafa

25

monta.........

26

pá........ro

27

........anja

28
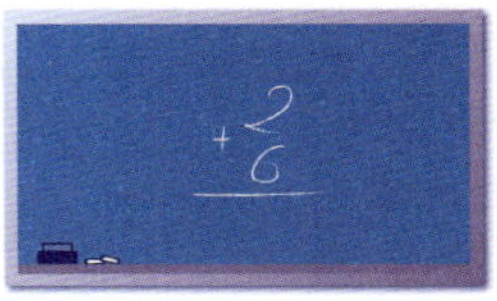
pi......a........a

Aciertos

3.3. Expresión Escrita-1

Tarea 1 *Copia las sílabas, las palabras y las frases*

Copia cada sílaba y palabra en el cuadrado correspondiente.

Aciertos (0-27)

1 ja	2 va	3 brut	4 zo	5 ci
6 tru	7 blu	8 ex	9 will	10 den
11 verruga	12 inglesa	13 Humberto	14 esculpe	
15 elefante	16 frágil	17 Mickey	18 sirope	

Ahora, copia cada frase en la línea que le corresponde.

19 20 21 22

Las alas de la mariposa son bonitas.

....

23 24 25 26 27

La figura de cristal cayó de mis manos.

....

Tarea 2 *Completa el texto*

Escribe completando los huecos que faltan.

Aciertos (0-15)

Me llamo .... Estoy en
.... del colegio ....
Mi profe se llama.. y hoy es el día
.... del mes .... del año........................

Evaluación de la Expresión Escrita

Estas casillas sólo serán rellenadas por el corrector.

La valoración, en todos casos, será de 0 (muy mal) a 7 (excelente) en cada apartado y en el global.

GRAFÍA	
ASPECTO	VALORACIÓN
Legibilidad	
Regularidad	
Fluidez al escribir	
Enlaces	
Giro inverso	
Linealidad	
Tamaño	
Inclinación	
Trazos	
Separación letras	
Posición del papel	
GLOBAL GRAFÍA	

ORTOGRAFÍA	
ASPECTO	VALORACIÓN
FONÉTICA	
Sustituciones	
Omisiones	
Inversiones	
Adiciones	
r/rr, y/i, ce/ca, ga/ge	
VISUAL	
Uniones	
Fragmentaciones	
Signos de puntuación	
Reglas	
GLOBAL ORTOGRAFÍA	

REDACCIÓN	
ASPECTO	VALORACIÓN
ESTRUCTURA	
Coherencia	
Enlaces	
RIQUEZA LÉXICA	
Sustantivos	
Adjetivos	
FORMATO	
Orden	
Limpieza	
GLOBAL REDACCIÓN	

4. ESCALA MATEMÁTICAS-1

4.1. Cálculo y Numeración-1

INSTRUCCIONES:
A continuación vamos a realizar tareas de cálculo y numeración. Te explicaré cada tarea y te diré el tiempo que tienes para realizar cada una.

Tarea 1 *Marca la respuesta correcta*

Contesta a las siguientes preguntas. Primero vamos a hacer un ejemplo entre todos para que entendáis bien lo que hay que hacer.

Si JUNTO estos dos: **¿Tendré MÁS, MENOS o IGUAL que aquí?**

Ejemplo

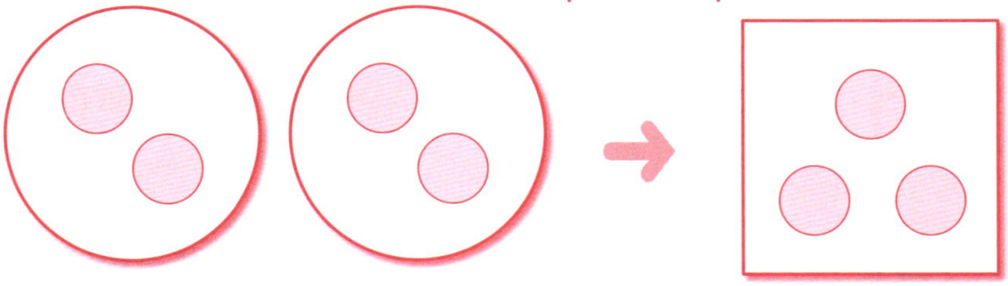

1 ☐ **Tendré MÁS**
2 ☐ **Tendré MENOS**
3 ☐ **Tendré IGUAL**

Aquí debemos poner la X en MÁS, porque si juntamos 2 y 2 tendremos 4, que es más que 3. ¿Lo habéis entendido? Dispones de 3 MINUTOS para hacer los siguientes ejercicios. Presta mucha atención, ya que los tres últimos ejercicios de la tarea no son de JUNTAR, sino de QUITAR. Adelante.

Si JUNTO estos dos: **¿Tendré MÁS, MENOS o IGUAL que aquí?**

(1)

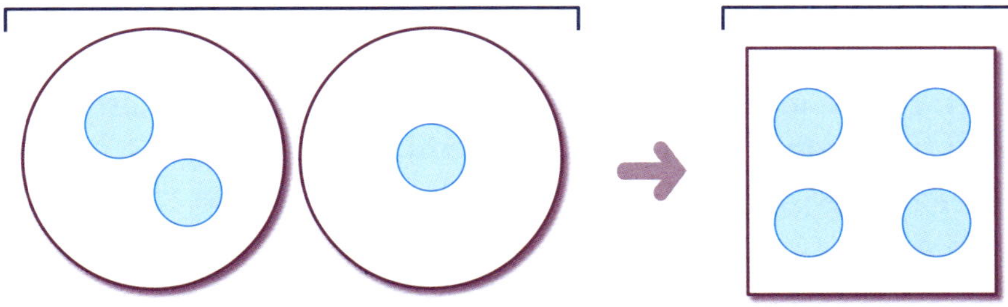

1 ☐ **Tendré MÁS**
2 ☐ **Tendré MENOS**
3 ☐ **Tendré IGUAL**

(2)

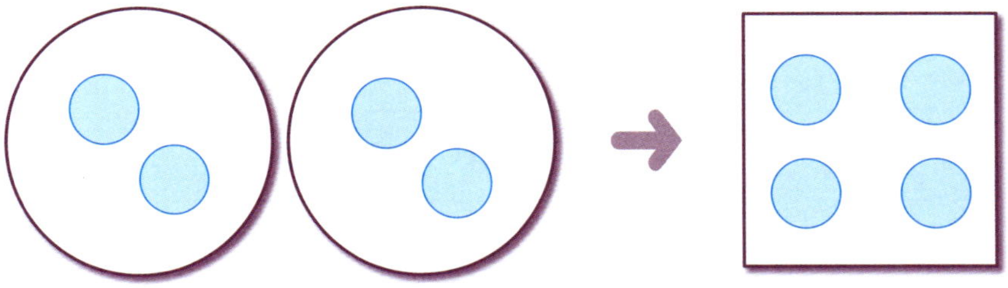

1 ☐ **Tendré MÁS**
2 ☐ **Tendré MENOS**
3 ☐ **Tendré IGUAL**

(3)

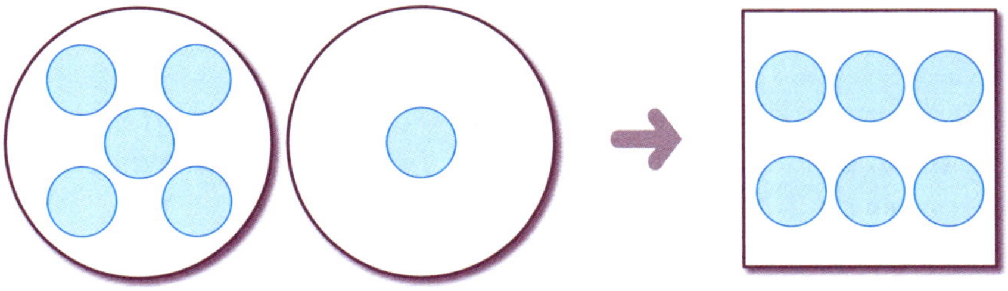

1 ☐ **Tendré MÁS**
2 ☐ **Tendré MENOS**
3 ☐ **Tendré IGUAL**

(4)

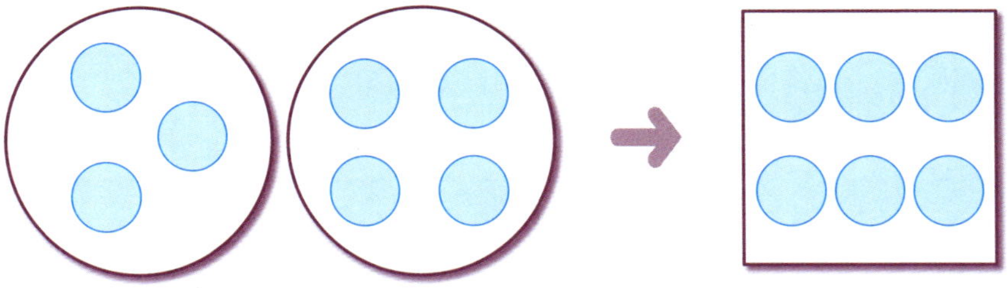

1 ☐ **Tendré MÁS**
2 ☐ **Tendré MENOS**
3 ☐ **Tendré IGUAL**

ATENCIÓN, que cambia la tarea.

Si a este | le QUITO este: | ¿Tendré MÁS, MENOS o IGUAL que aquí?

5 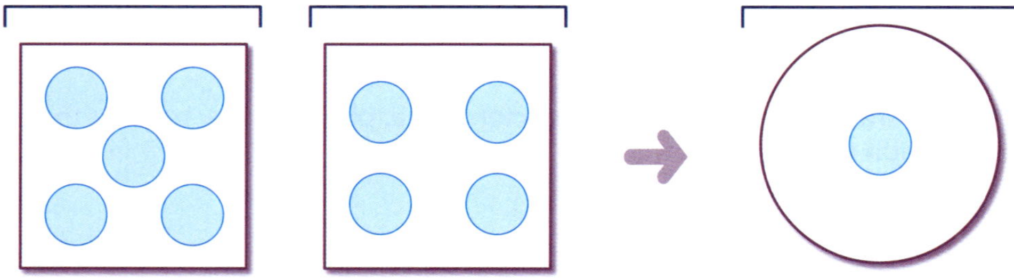

1 Tendré MÁS
2 Tendré MENOS
3 Tendré IGUAL

6 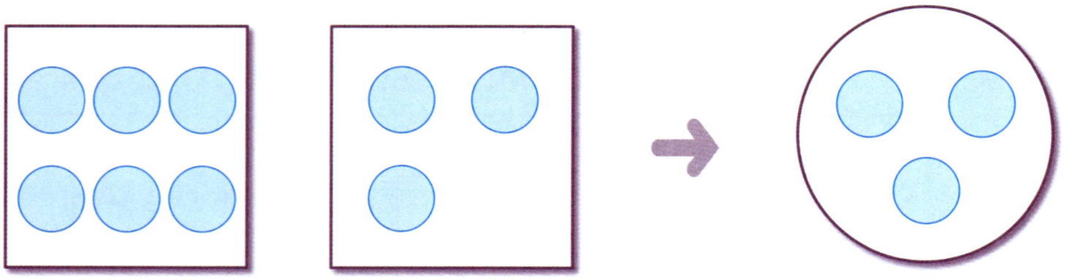

1 Tendré MÁS
2 Tendré MENOS
3 Tendré IGUAL

7 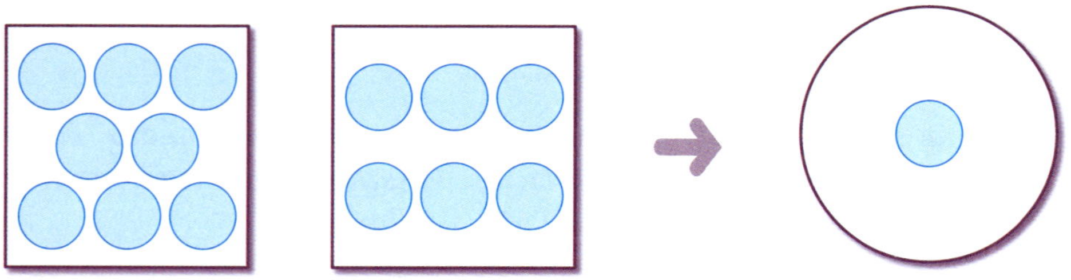

1 Tendré MÁS
2 Tendré MENOS
3 Tendré IGUAL

Tarea 2 *Continúa las series*

Tu tarea consiste en poner en el recuadrito el número que sigue a otros que ya están escritos. Vamos a realizar el ejemplo: fíjate son el 1, 3, 5 y 7, ¿cuál irá después del 7? Debemos poner el 9. ¿Lo has entendido? Dispones de 2 MINUTOS. Adelante.

Ejemplo	1	3	5	7	9
8	2	4	6	8	
9	0	5	10		
10	10	20	30		

11	5	4	3	
12	9	7	5	
13	40	30	20	
14	80	60	40	

Tarea 3 *Número anterior y posterior*

Escribe los números que van delante y detrás de los siguientes. Vamos a ver un ejemplo. Como veis aquí debes poner un 3 y un 5, pues el que va delante del 4 es el 3 y el que va detrás del 4 es el 5, ¿lo has entendido? Dispones de 2 MINUTOS. Adelante.

Ejemplo	3	4	5	
15		9		16
17		15		18

19		37		20
21		59		22
23		89		24

Tarea 4 *Número menor*

Ahora tienes que descubrir el número MENOR y escribirlo en cada recuadro. Veamos un ejemplo. Fijaos en los números: 5, 6, 2 y 9. ¿Cuál es el número menor?. El 2. Por eso debemos escribir el 2 en la casilla. Para esta tarea tienes 2 MINUTOS. Adelante.

					RESPUESTA
Ejemplo	5	6	2	9	
25	15	25	31	21	
26	48	36	49	29	

					RESPUESTA
27	89	78	76	59	
28	63	67	81	76	
29	99	89	79	69	

Tarea 5 *Resuelve sumas*

Presta mucha atención y trabaja todo lo deprisa que puedas. Para hacer estas sumas dispones de 6 MINUTOS. Adelante.

30. 1 + 2 = ___
31. 3 + 2 = ___
32. 5 + 4 = ___
33. 7 + 2 = ___
34. 42 + 35 = ___
35. 76 + 23 = ___
36. 44 + 72 = ___
37. 34 + 95 = ___
38. 54 + 38 = ___
39. 49 + 48 = ___
40. 67 + 98 = ___
41. 69 + 75 = ___

Tarea 6 *Resuelve restas*

Realiza las siguientes restas. Presta mucha atención y trabaja todo lo deprisa que puedas. Si no sabes hacer restas, déjalo en blanco, pues no pasa nada. Dispones de 3 MINUTOS. Adelante.

42. 5 – 2 = ___
43. 8 – 4 = ___
44. 9 – 2 = ___
45. 7 – 3 = ___
46. 27 – 15 = ___
47. 87 – 35 = ___

4.2. Resolución de Problemas-1

INSTRUCCIONES:
Ahora debes resolver los problemas que aparecen a continuación. Para esta tarea dispones de 15 MINUTOS. Trabaja deprisa y sin distraerte.

Problema 1. *Fíjate en el dibujo y cuenta los niños, niñas, pelotas, sombrillas y barcos que hay, luego señala tantos cuadraditos como elementos haya. Fíjate en el ejemplo.*

		1	2	3	4	5	6
Ejemplo		X	X				
1							
2							
3							
4							

Problema 2. *Ahora vas a contar las cosas que hemos sacado de la mochila de José y que están en el dibujo. Completa la tabla siguiente, como en el ejemplo.*

	Ejemplo	5	6	7	8

1	X				
2					
3					
4					

Problema 3. *Une cada palabra con el símbolo de la operación que indica cada una. Fíjate en el ejemplo: "Si a Pablo le dan..."*

Ejemplo **le dan** → +

- 9 **une**
- 10 **le regalan**
- 11 **gana**
- 12 **resta**
- 13 **más**

+

−

- **le quitan** 14
- **presta** 15
- **recibe** 16
- **pierde** 17
- **suma** 18
- **menos** 19

Problema 4. *La rana saltarina adelanta 2 pasos cada vez que da un salto. Responde a las preguntas.*

RESULTADO

¿A cuántos pasos equivale cada salto? (20)

¿Cada dos saltos? (21)

¿Y cada tres saltos? (22)

Problema 5. *Al abrir tres huchas, Margarita tenía las monedas que ves en el dibujo.*

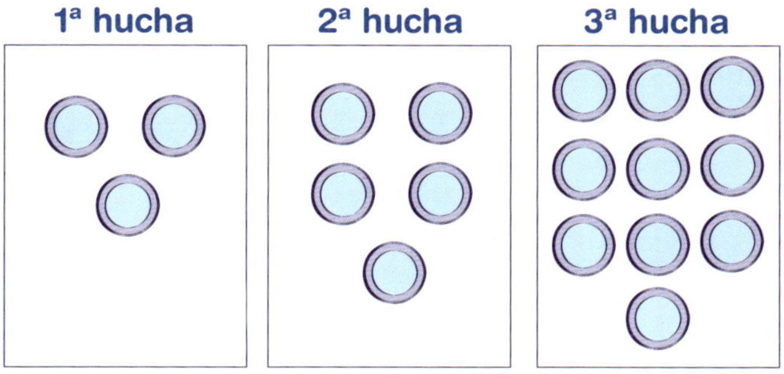

RESULTADO

¿Cuántas monedas tiene en la 1ª? (23)

¿Cuántas monedas tiene en la 2ª? (24)

¿Cuántas monedas tiene en la 3ª? (25)

¿Y en total? (26)

Problema 6. *Pepe tiene 2 cochecitos y su madre le regaló 1 más. ¿Cuántos tendrá? Marca la respuesta correcta.*

Tiene  *coches.*

Le dan  *coche.*

(27) *Al final tiene:*

Problema 7. *María tenía una jaula con 5 pájaros. Al darles de comer se le escaparon 2. ¿Cuántos quedaron en la jaula?*

Tiene  *pájaros.*

Se escapan  *pájaros.*

(28) *Al final tiene:*

Problema 8. *Lourdes tiene 5 galletas y su abuelo le da 4 más. ¿Cuántas tiene ahora?*

Tiene ________ *galletas.*

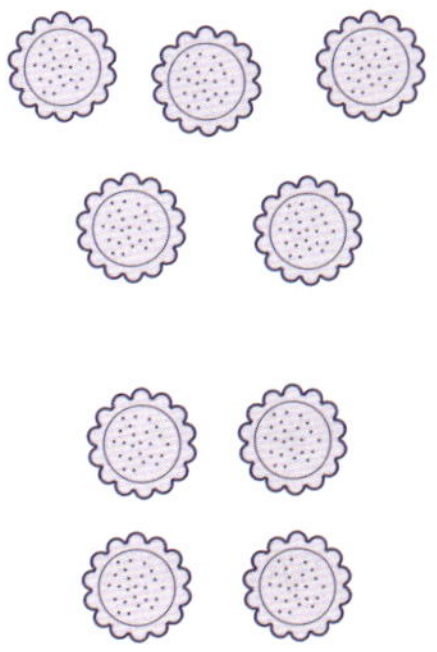

Le dan ________ *galletas.*

Al final tiene ________ *galletas.*

(29)

(30)

(31)

5. ESCALA PSICOSOCIAL-1

INSTRUCCIONES:

Lee cada frase y marca con una X la S si Siempre te pasa lo que has leído; la AV si te pasa A Veces o la N si no te pasa Nunca. Fíjate en el ejemplo:

Ejemplo Me levanto por las mañanas con ganas de ir al colegio → ~~S~~ X | AV | N

La cruz está sobre la S porque a quien ha respondido le pasa esto todos los días. Si has entendido la tarea, ya puedes comenzar.

- No pienses excesivamente las respuestas, pues ninguna es buena ni mala.
- Contesta con sinceridad, pues será un medio de conocerte tú mismo mejor.
- Esta prueba no tiene tiempo, pero procura no distraerte.
- Procura no poner demasiado la respuesta AV. ¡ADELANTE¡

S Siempre **AV** A Veces **N** Nunca

		1	2	3
1	Cuando llego a casa, procuro hacer las tareas que me ha mandado el profesor. →	S	AV	N
2	Casi todos los días hago cosas del colegio en casa. →	S	AV	N
3	Suelo colocar mi material escolar correctamente, antes de salir del colegio. →	S	AV	N
4	Me gusta hacer las tareas que nos manda el profesor. →	S	AV	N
5	Llevo muy pocas tareas a casa, porque siempre termino todo en el colegio. →	S	AV	N
6	Me aburren los trabajos del colegio. →	S	AV	N
7	Necesito que me ayuden en los trabajos del colegio. →	S	AV	N
8	Realizo rápidamente los trabajos de clase. →	S	AV	N
9	Me gusta realizar cosas del colegio en casa. →	S	AV	N
10	Suelo tardar más que mis compañeros en hacer lo que nos manda el profesor. →	S	AV	N
11	Si no entiendo una tarea, trato de que me la vuelva a explicar el profesor. →	S	AV	N
12	Si algo me sale mal en el colegio, me pongo muy triste. →	S	AV	N
13	Me gusta aprender cosas nuevas. →	S	AV	N
14	Cuando no sé hacer una tarea la copio de otros niños o niñas. →	S	AV	N
15	Me pongo triste cuando no sé algo que me preguntan en clase. →	S	AV	N
16	Me enfado cuando alguien me empuja en la fila. →	S	AV	N
17	Me pongo a llorar si un profesor o profesora me regaña. →	S	AV	N
18	Cumplo las normas que el profesor dice en clase. →	S	AV	N
19	Me asusta que entre en clase una persona que yo no conozca. →	S	AV	N
20	"Se me olvida" devolver a mis compañeros aquello que me prestaron para jugar. →	S	AV	N